Paris
1874

Laffitte, Pierre

Considérations générales à propos des cimetières de Paris

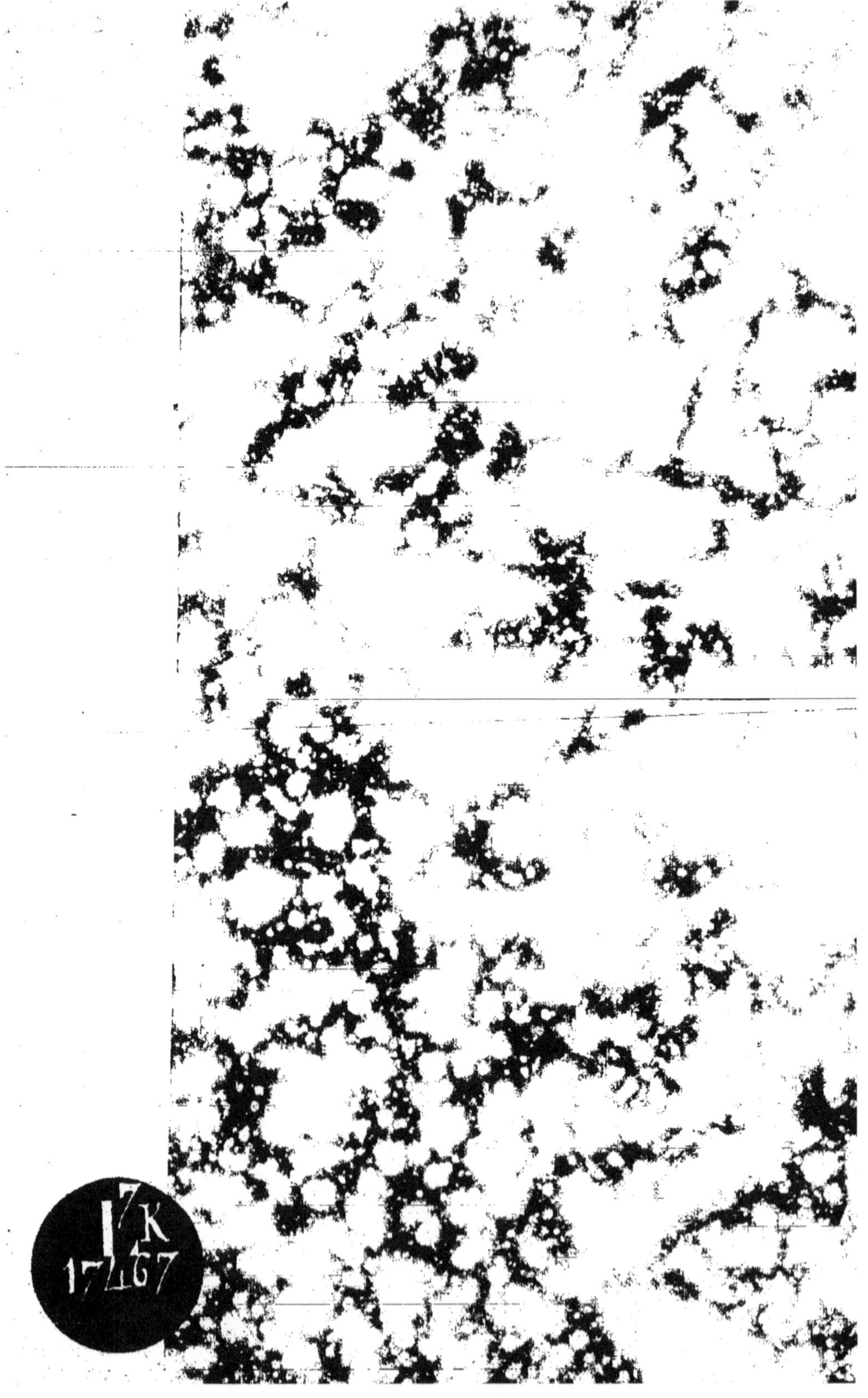

CONSIDÉRATIONS GÉNÉRALES

A PROPOS

DES

CIMETIÈRES DE PARIS

PAR

M. PIERRE LAFFITTE

> Les vivants sont de plus en plus gouvernés par les morts, telle est la loi nécessaire de l'ordre humain.
>
> AUGUSTE COMTE.
>
> Il n'y a pas de cité sans cimetière.
>
> Dr ROBINET.

PARIS

TYPOGRAPHIE ROUGE, DUNON ET FRESNÉ

43, RUE DU FOUR-SAINT-GERMAIN, 43

1874

CONSIDÉRATIONS GÉNÉRALES

A PROPOS

DES

CIMETIÈRES DE PARIS

I

Considérations préliminaires.

VUES GÉNÉRALES SUR LA SITUATION ACTUELLE.

La question des cimetières de Paris, soulevée par M. Haussmann en 1870, et qui se rattachait chez lui à un système complet de transformation de la capitale, vient de reparaître inopinément.

Déjà si importante en elle-même, cette question ne l'est pas moins par la nature des raisons mises en avant pour la soutenir, surtout auprès du public démocratique.

Du reste, les raisons invoquées dans ce cas-ci, le sont dans un grand nombre d'autres circonstances, et elles nous révèlent le vrai caractère de notre situation mentale et morale. Aussi est-il nécessaire de les apprécier, non-seulement dans la circonstance actuelle, mais pour tous les cas analogues que fait ou fera surgir l'anarchie moderne.

Il y a, en effet, deux sortes de raisons générales qui sont invoquées : 1° l'on parle au nom de la science ; 2° l'on invoque le mépris des préjugés.

C'est par ce double ordre de considérations que l'on dispose le public à accepter, au moins passivement, les mesures qui répugnent souvent le plus à ses instincts, à ses habitudes et à ses meilleurs pressentiments.

Cela constitue une sorte de préjugé aveugle chez ceux qui protestent le plus énergiquement contre la domination des préjugés.

En outre, ces raisons sont le plus souvent mises en avant par des esprits purement littéraires, étrangers à toute habitude vraiment scientifique, évitant par ce moyen toute discussion réelle, comme ils l'auraient fait autrefois, au nom des principes théologiques.

Il est donc essentiel d'insister sur ces deux ordres de raisons, que l'on emploie désormais presque machinalement pour justifier toute sorte de modifications quelconques des institutions sociales.

Examinons d'abord l'invocation de la science ; il faut y voir certainement un signe caractéristique de la profonde transformation mentale dont la systématisation constitue le problème le plus urgent de l'Occident.

Ce n'est donc ni au nom de la théologie, ni au nom de la métaphysique, que l'on réclame actuellement les modifications à effectuer dans l'état de la société : c'est la science qui est invoquée ; et ceux mêmes qui ont voulu, ou veulent rétablir l'antique prépondérance du régime théologique, sont obligés de recourir, pour se faire écouter, à des raisons purement scientifiques.

Le livre *du Pape* en est une éclatante manifestation, car l'illustre de Maistre y justifie l'institution papale par des raisons purement humaines.

Mais ce qui, il y a cinquante ans, n'était pressenti que par les plus hautes intelligences, est devenu, heureusement, un préjugé vulgaire. Et ce préjugé n'est rien que l'expression de la nécessité et de l'opportunité de fonder désormais la direction des sociétés sur des bases scientifiques et démontrables.

Toutefois, ce préjugé, comme tous les autres, est aveugle, et il est bon de le soumettre lui-même à l'analyse scientifique.

En premier lieu, il faut remarquer que ceux qui invoquent le plus la science y sont le plus souvent étrangers; en second lieu, il ne suffit pas de l'invoquer pour que les raisons données soient réellement scientifiques.

Il faut, à ce sujet, faire une distinction capitale : il y a deux ordres de sciences, comme deux ordres de lois naturelles : 1° les sciences cosmologiques, qui s'occupent des phénomènes du monde inorganique: la mathématique, l'astronomie, la physique et la chimie; 2° les sciences non moins réelles, quoique plus complexes et plus importantes encore, qui s'occupent du développement des sociétés et des lois de l'ordre moral, savoir: la biologie, la sociologie et la morale.

Or, ce sont les premières que l'on invoque sans cesse, c'est-à-dire celles qui sont incompétentes envers les phénomènes sociaux et moraux, et qui ne peuvent, tout au plus, fournir que des indications ou des préambules, mais jamais les raisons décisives, qui ne peuvent émaner que de l'étude même de l'homme et de la société. Aussi, est-ce une véritable mystification que d'invoquer la physique et la chimie dans des questions sociales, sans avoir préalablement examiné les lois de l'ordre social lui-même.

Un principe évident doit être posé à ce sujet. L'étude positive des lois de l'homme et de la société peut seule indiquer le but à atteindre, la nature du problème à résoudre et les conditions générales de la solution. Les sciences inférieures n'ont qu'une mission : fournir des moyens pour réaliser les problèmes qui résultent des lois naturelles de l'organisation et de l'évolution sociale.

Cette importance exagérée donnée aux sciences inférieures est une chose de pure transition, qui tient à ce qu'elles sont arrivées les premières, à cause de leur simplicité, à l'état positif, tandis que l'étude des phénomènes sociaux et moraux restait à l'état théologico-métaphysique. Mais désormais l'évolution est complète, la sociologie et la morale sont positives, elles doivent donc reprendre leur prépondérance légitime; et ce n'est plus que par un préjugé arriéré et rétrograde que l'on accepte la supériorité des sciences inorganiques. Il faut donc dorénavant que, dans tous les problèmes qui intéressent la société, l'on invoque d'abord les lois qui résultent de l'étude scientifique de l'homme et de la société elle-même, et qu'on y subordonne les indications des sciences inférieures, qui ne peuvent et ne doivent servir qu'à réaliser des problèmes dont la position et la solution ne peuvent émaner d'elles. Il serait par trop étrange que la chimie et la physique puissent servir à résoudre des questions sociales et morales, où entrent des éléments tout autres que les phénomènes physico-chimiques.

Ainsi, par exemple, ne serait-il pas singulier que l'on prétendît résoudre par de soi-disant raisons chimiques la question des cimetières, avant d'avoir, par une analyse scientifique approfondie de la nature des sociétés, apprécié quel est et doit être le rôle de cette grande institution dans l'organisation et l'évolution naturelle des sociétés humaines?

Quant au mépris des préjugés, qui est si souvent invoqué contre ceux qui résistent à des transformations aveugles et indéfinies, il constitue un des préjugés les plus aveugles et désormais les plus dangereux, quoique passagèrement nécessaire.

Pour le comprendre, il faut d'abord définir exactement ce qu'on entend par préjugé, en distinguant les deux cas de l'ordre théorique et de l'ordre pratique.

En général, le préjugé, comme l'indique l'étymologie même du mot, n'est rien autre chose qu'une conception admise sans démonstration, et passée à l'état d'habitude.

Il faut ici distinguer deux cas; cela est important, surtout au point de vue pratique.

Dans l'ordre purement mental, un préjugé est une proposition acceptée sans démonstration, et par suite d'une confiance inconsciente ou plus ou moins systématiquement voulue envers celui ou ceux qui l'ont énoncée.

Au point de vue pratique, il y a quelque chose de plus dans le préjugé; il y a bien une conception acceptée de confiance, mais il y a de plus une habitude correspondante, qui règle des actes plus ou moins nombreux de notre existence, et cela d'une manière de plus en plus spontanée et de moins en moins systématique. Dans ce cas, l'intervention de la réflexion consiste toujours, sans mettre en doute ni l'habitude ni le principe qui lui sert de base, consiste, dis-je, à en modifier l'application suivant des circonstances particulières.

Ainsi, par exemple, la croyance à l'immortalité de l'âme, ou celle au mouvement de la terre, sont pour l'infinie majorité de notre espèce, l'une un préjugé théologico-métaphysique, et l'autre un préjugé scientifique; puisque, dans l'un comme dans l'autre cas, ces deux propositions sont acceptées par l'immense majorité des hommes, en vertu d'une juste confiance à l'égard des esprits compétents.

Au contraire, en pratique, le préjugé de la pudeur ou cette réserve dans les actes et les paroles qui caractérise les âmes civilisées, est un préjugé dans le sens pratique du mot, puisque il y a à la fois, dans cette manière d'être, une conception et une habitude.

A ce double point de vue, les préjugés sont la base même de toute existence sociale.

Il y a plus, un examen approfondi vérifiera un théorème que j'ai depuis longtemps énoncé : à savoir que l'élévation collective ou personnelle, se caractérise par le nombre de préjugés que l'on admet. Plus un peuple est élevé dans l'ordre de la civilisation, et plus le nombre de ses préjugés augmente ; et plus un homme a, dans une société, d'élévation morale ou mentale, et plus le nombre de ses préjugés est considérable.

L'organisation des castes de l'Inde nous fournit un exemple frappant de cette disposition, puisque le caractère du *paria* est précisément de n'avoir ni règle, ni préjugé; et l'on peut dire, à cet égard, que les animaux sont les seuls êtres véritablement sans préjugés.

L'examen positif de la nature des sociétés et de leur évolution, justifie une telle proposition ; car, pour tout individu qui naît dans une société déterminée, il reçoit nécessairement du milieu environnant un ensemble d'habitudes et de principes d'autant plus considérables qu'il appartient à une civilisation plus développée, et qu'il doit y occuper une fonction plus élevée ; c'est là une condition nécessaire de toute existence sociale. Car, prétendre que les habitudes et les convictions ne doivent être prises qu'après démonstration préalable, reviendrait à dire qu'il faudrait déjà avoir vécu pour se préparer à vivre.

Et quand même une telle absurdité pourrait être essayée, elle serait, à d'autres points de vue, contraire au fond même de notre nature, puisque l'homme, destiné à agir, passerait sa vie à disserter indéfiniment sur les principes qui doivent diriger son activité, sans pouvoir agir, ni acquérir les habitudes sans lesquelles la vie sociale est radicalement impossible.

Donc, plus l'Humanité se développera, et plus le nombre des notions et des habitudes, des règles et des principes en vertu desquels nous agissons, ira en augmentant, ces habitudes et ces notions étant d'abord acquises sans démonstration.

L'analyse que je viens de faire peut se condenser dans l'admirable formule d'Auguste Comte, que j'ai prise pour épigraphe de ce travail : les vivants sont de plus en plus gouvernés par les morts.

Toutefois, à ce sujet, il faut maintenant introduire une distinction capitale qui expliquera et justifiera même la nécessité passagère du préjugé fameux, et actuellement dominant, de la haine et du mépris des préjugés.

Le poids successif des générations amène nécessairement des transformations graduelles qui constituent l'évolution même des sociétés.

Or, cette évolution a conduit graduellement à la plus grande des révolutions mentales, celle qui consiste à substituer au régime théologico-métaphysique de l'esprit humain, le régime positif ou scientifique.

Eh bien ! il est évident qu'il en est résulté un état de lutte, non-seulement contre les principes dogmatiques eux-mêmes, mais aussi contre les habitudes morales sanctionnées par le théologisme, quoique le plus souvent inspirées, au moins dans leurs dispositions fondamentales, par une appréciation empirique de la nature humaine.

La nécessité de sortir du régime ancien a donc poussé les novateurs à proclamer d'une manière absolue la négation de tous les principes antérieurs et le mépris des préjugés, même des plus tutélaires. Si l'intelligence humaine eût été moins médiocre, et si tous les esprits eussent été doués de la force mentale d'un Lagrange ou d'un Descartes, il eût sans doute été possible d'éviter les principaux inconvénients de cette transformation nécessaire, car elle se serait opérée alors graduellement, et d'une manière continue, par la substitution de l'esprit scientifique à l'esprit théologique. Mais la faiblesse mentale de notre espèce ne comportait pas une telle évolution. On a donc proclamé d'une manière absolue la négation des anciens principes ~~et le mépris de tous~~ les préjugés. ~~Et c'est~~ cette disposition, passagèrement nécessaire, qui constitue le préjugé révolutionnaire par excellence.

Mais ce préjugé n'a qu'une valeur transitoire, et il est désormais profondément nuisible au point de vue mental, comme contradictoire avec le véritable esprit scientifique, qui consiste à expliquer les phénomènes et non pas à s'insurger contre eux.

Il faut donc dorénavant, pour tous les esprits vraiment émancipés, sortir du régime révolutionnaire, certainement épuisé, et entrer dans le régime vraiment positif, qui consiste à n'admettre que des notions ou des habitudes dont la démonstration puisse être scientifiquement donnée, mais aussi à comprendre que toute habitude ou tout principe se trouvant dans une société quelconque, ne doit être attaqué ou modifié qu'après une saine et profonde analyse, qui permette d'en établir la nature, le but et la destination, ainsi que l'opportunité et l'intensité des modifications qu'il faut y apporter.

C'est donc céder au plus aveugle et au plus anti-scientifique des préjugés, que de traiter légèrement toute institution ou toute habitude, par cela seul qu'elle a été instituée ou qu'elle est émanée du régime antérieur.

Pour tous les esprits aussi émancipés des préjugés révolutionnaires que des préjugés théologiques, c'est la disposition inverse qui doit prévaloir.

Le véritable esprit scientifique consiste à expliquer les institutions sociales, le rôle qu'a eu le passé dans leur formation, et à ne les modifier qu'après avoir soigneusement apprécié leur nature et leur destination.

Le glorieux père de la philosophie moderne, Descartes, dans l'admirable manifeste où il l'a instituée (*Discours de la Méthode*), a personnellement montré cette disposition fondamentale ; et il est digne de remarquer que, si, sur les questions purement métaphysiques, il a audacieusement nié le passé, dans l'ordre scientifique, il a accepté la tradition, puisqu'il prend la géométrie au point où l'ont laissée ses prédécesseurs, et sans contester aucunement leurs acquisitions.

IL N'Y A PAS DE SYNTHÈSE PARTIELLE.

Nous venons de voir quels sont, dans le public bien disposé pour le progrès, les préjugés explicables, mais aveugles, qui ont cours sur le rôle de la science et le mépris des préjugés proprement dits, et comment de telles dispositions compromettent, sans assurer le progrès (bien au contraire !), les bases fondamentales de l'ordre social ; mais il y a une autre lacune, qui complète celle-ci, qui lui est intimement corrélative, et que je dois maintenant signaler.

Ce qui manque actuellement, c'est, dans l'ordre social, une doctrine générale et un groupe directeur qui en soit l'organe systématique, soit pour l'enseigner, soit pour en guider l'application, et y opérer les lents perfectionnements qu'elle comporte.

Il résulte de là un premier inconvénient, c'est que, comme une certaine vue générale des affaires humaines est toujours indispensable, de même qu'un pouvoir spirituel qui l'applique (car les lois sociales se font toujours sentir), il en résulte que le public emploie une doctrine vague, mélange de plus en plus incohérent de rétrogradation et d'anarchie, et obéit à un pouvoir spirituel incompétent, qui est le journalisme; lequel, depuis un siècle, sa prépondérance étant de plus en plus active, a montré si souvent son incapacité et son indignité, malgré des exceptions fournies par des hommes politiques, comme fut Carrel, par exemple, pour lequel le journalisme n'était qu'un moyen d'action.

Rétrograde au dix-huitième siècle, le journalisme fut l'ennemi acharné de la philosophie.

Au dix neuvième siècle, nous l'avons vu, à la suite d'un chansonnier, et dans un intérêt passager de parti, organiser la la honteuse réhabilitation du premier Bonaparte.

Nous sommes donc dans un interrègne où domine une doctrine vague et un pouvoir spirituel incompétent. Cette absence d'une doctrine directrice a fait surgir de plus en plus le manque d'esprit d'ensemble; car le but de toute doctrine sociale est précisément de saisir les rapports nécessaires qui lient entre eux les phénomènes sociaux, si profondément complexes. De là l'étroitesse croissante des vues politiques et la matérialisation croissante aussi des procédés proposés.

Les esprits sont devenus incapables, dans les chefs comme dans le public, de comprendre ces lentes transformations mentales et sociales d'où résultent des progrès vraiment efficaces. On fait dépendre trop souvent les améliorations sociales de mesures purement matérielles, d'une efficacité la plupart du temps douteuse, quoique toujours bruyamment annoncée. Car il semble, dès lors, par une illusion aussi anti-scientifique que possible, qu'une société va être transformée toute entière par une simple décision politique, sans une lente modification mentale et morale. Proposition irrationnelle et qui serait dégradante pour notre espèce si elle était vraie, car il en résulterait la possibilité de transformer arbitrairement les hommes par de simples volontés émanées de pouvoirs politiques, ce qui réduirait notre espèce à n'être plus qu'un simple jouet entre les mains d'individus évidemment d'une espèce supérieure, dès qu'ils auraient une telle puissance de transformation.

Il faut, à ce sujet, insister sur une proposition capitale, qu'il est bon que le public connaisse et comprenne, car c'est un des théorèmes de science sociale dont la diffusion est la plus nécessaire : *Il n'y a pas de synthèse partielle.*

Ce théorème est une conséquence de la nature même de l'organisme social.

Ce qui caractérise chaque société en particulier, c'est le *consensus* de ses diverses parties, ou la solidarité intime de ses divers éléments.

Ainsi, il est évident que l'état agricole, l'état industriel, l'état commercial, l'état politique, l'état intellectuel et moral d'un peuple, sont intimement connexes; car, modifiez seulement l'un de ces facteurs, et vous apportez bientôt des changements immenses dans tous les autres. Changez, par exemple, la manière d'apprécier moralement et physiologiquement le rôle d'une substance, et vous modifiez par là même l'état social. Ainsi, que, par des raisons d'hygiène et de morale, on arrive à faire accepter à la population française, comme cela a lieu chez les populations islamiques, la nécessité de se priver de vin, et l'on change, par cela même, toute la vie économique de la France, outre les conséquences plus intimes et plus lentes, mais bien autrement efficaces, qui résulteraient du changement organique, transmissible par la génération, dans la constitution même de notre espèce.

Cette vue rend frappante l'étroitesse inouïe et dangereuse des économistes, qui prétendent considérer les phénomènes économiques indépendamment de tous les autres, et qui sont parvenus à faire un dogme de cette absurdité, la plus irrationtionnelle qui ait jamais été émise.

Mais, cette solidarité prend un caractère d'une bien autre

complexité quand, au lieu d'une seule population, on considère les diverses nations de la planète.

Ces nations, distinctes par leurs positions géographiques et leurs antécédents historiques, sont autant de forces d'intensités et de directions différentes, réagissant les unes sur les autres pour produire une organisation de plus en plus complexe.

Par conséquent, comment prétendre modifier une telle constitution sans une vue d'ensemble qui, appréciant ce consensus de l'organisme social, permettra de mesurer, au moins à un certain degré, l'efficacité des mesures proposées.

Aussi, l'empirisme des hommes d'État les plus éminents, fussent-ils César, Richelieu ou Frédéric, serait-il insuffisant aujourd'hui, sans une appréciation scientifique et systématique de l'ensemble de l'organisme social ?

La solidarité évidente des phénomènes sociaux nous conduit donc à cette proposition : *Il n'y a pas de synthèse partielle* ; et une vue scientifique de l'ensemble est désormais indispensable pour nous permettre d'apprécier l'ordre dans lequel nous devons effectuer les diverses modifications ou perfectionnements à apporter à l'organisation sociale.

Cela nous conduit aussitôt à chercher d'abord la loi de subordination des divers ordres de progrès, matériels, intellectuels et moraux. L'ordre hiérarchique de ces progrès, suivant e degré d'importance décroissante, est le suivant : moraux, intellectuels et matériels. Il y a en effet trois genres de progrès bien distincts : le progrès matériel porte à la fois sur notre situation et sur notre nature, c'est-à-dire qu'il est relatif non-seulement à l'amélioration de notre planète, mais aussi à l'amélioration de notre nature physique. Il comprend par conséquent les soins de l'hygiène privée ou publique ; il est le plus simple de tous, puisqu'il nous est même commun avec un grand nombre d'espèces animales, qui améliorent soit leurs personnes, soit même leurs habitations. Ce progrès est actuellement le seul préconisé, et il est devenu tellement prépondérant qu'il a fait presque oublier les deux autres.

Or, il faut remarquer que cette préoccupation exclusive, outre les dangers qui lui sont propres, compromettrait bientôt ce progrès matériel lui-même, auquel on veut tout sacrifier. Car, pour l'espèce humaine, le progrès matériel, qui résulte d'efforts plus ou moins individuels, est nécessairement très-limité, et nous n'obtenons de résultats vraiment efficaces et importants que par la collectivité de ces efforts. Et, l'effort collectif étant un concours de volontés et d'intelligences indépendantes, ne peut être obtenu que par des habitudes morales qui nous disposent à concourir, et des opinions communes, à la fois réelles et générales, qui organisent ce concours. Donc, dans l'espèce humaine, le progrès matériel ne peut se produire et durer que par le progrès intellectuel et moral.

Le progrès moral est le plus important de tous parce que, outre la satisfaction intime qui en est la conséquence, il sert de base à tous les autres.

Quelle existence sociale et, par suite, quels progrès pourraient avoir lieu, si les instincts purement personnels prenaient une importance graduellement croissante, les instincts sympathiques diminuant d'intensité. Il est clair qu'alors toute cohésion sociale disparaîtrait, puisque l'égoïsme, l'orgueil, la cruauté, etc., pousseraient à une dispersion croissante, tandis qu'aucune compensation ne surgirait venant des sentiments affectueux de bonté, d'attachement et de respect.

Il est clair que si nous devenions beaucoup plus courageux, beaucoup plus affectueux, en même temps que moins vaniteux, moins cruels et moins orgueilleux, cela assurerait bien autrement le progrès de l'individu, ou de l'espèce, que ne pourrait le faire un progrès matériel, même considérable, dans les moyens de locomotion, par exemple.

Il y a plus, les immenses moyens que la civilisation a mis à notre disposition deviendraient plus nuisibles qu'utiles, si la personnalité devenait croissante, et la sociabilité décroissante.

Ainsi, si nous supposons une entreprise à exécuter, et les individus qui doivent y participer, à la fois très-cupides et très-vaniteux, en même temps que peu sympathiques, il est évident qu'ils n'auront aucun moyen de s'entendre, puisque chacun d'eux voudra diriger tout à son profit, sans qu'aucune disposition affectueuse le prépare à faire un effort quelconque de concessions envers les autres ; et par suite l'entreprise elle-même sera impossible à réaliser.

C'est le cas des animaux insociables, qui vivent absolument isolés, mangent, dorment et se reproduisent.

Aussi, le progrès essentiel consiste-t-il dans le problème moral, qui est double : 1° diminuer l'intensité des instincts personnels ; 2° augmenter celle des instincts sympathiques.

La première question institue la solution négative, et l'autre la solution positive.

Du reste, elles doivent concourir pour que le problème moral soit vraiment résolu.

C'est donc l'organisation de cette double culture qui constitue le véritable progrès, et celui qu'il faut organiser.

Nous rentrerons ainsi dans la tradition même de tous les grands cœurs et de tous les grands esprits qui ont dirigé l'espèce humaine ; la transition actuelle n'étant qu'une crise maladive et dangereuse, quoique nécessaire.

Mais le progrès moral ne se compose pas seulement d'une modification directe de l'intensité de nos divers penchants élémentaires, il résulte aussi du nombre croissant des règles qui dirigent et coordonnent nos diverses actions et créent par suite des habitudes correspondantes. Et, c'est là, même, où vient aboutir tout le progrès moral, par la formulation précise de nos devoirs.

Ainsi, pour citer un exemple : qui ne comprend l'imporance de la règle de conduite qui prescrit la sobriété dans la satisfaction de nos penchants, et par suite l'économie dans l'emploi des matériaux péniblement recueillis et perfectionnés par notre espèce.

Il est de toute évidence que si vous développez constamment la disposition à consommer et détruire ces matériaux, il en résultera, d'un côté insuffisance de ces matériaux pour le plus grand nombre, les privilégiés les accaparant à leur profit et pour eux seuls ; d'où l'impossibilité croissante d'une satisfaction générale, les appétits étant plus indéfinis que les moyens de les satisfaire.

Il y a plus, les matériaux dont peut disposer l'Humanité étant nécessairement limités, l'absence de réglement dans nos instincts personnels arriverait à compromettre l'existence matérielle de l'espèce elle-même, quelques générations dépensant à leur profit ce qui doit servir à son entretien.

On comprend donc l'importance de la règle morale qui pousse à une sage économie, non-seulement individuelle, mais aussi sociale, et par suite la haute portée de la réglementation de nos divers instincts personnels; tandis que de honteuses doctrines économiques, méconnaissant la sagesse traditionnelle des siècles, que la vraie science sanctionne et perfectionne, ont osé faire de la consommation une fonction !

Telle est l'importance prépondérante des règles morales qui instituent nos divers devoirs, et par suite des habitudes correspondantes.

C'est ce qui, depuis longtemps, m'a conduit à dire, *que la grandeur de l'homme se mesure par le nombre de ses préjugés moraux*, les animaux, comme je l'ai déjà observé, n'en ayant d'aucune espèce et satisfaisant leurs divers penchants sans aucune retenue.

Mais ce progrès moral lui-même ne peut, comme on le voit, se réaliser que par l'établissement de principes généraux qui ne peuvent être institués à leur tour que par une haute culture mentale.

De là l'importance suprême du progrès intellectuel comme condition nécessaire de la réalisation du progrès matériel et surtout du progrès moral. Car il est de toute évidence que c'est l'intelligence qui constitue la condition de réalisation de tous nos projets quelconques. D'abord, individuellement, si le cœur pousse, l'intelligence peut seule nous permettre de trouver la meilleure solution des projets construits sous l'influence affective et aussi de découvrir les moyens propres à les réaliser.

Mais une raison plus profonde encore nous ferait comprendre l'importance de l'intelligence. Elle seule peut constituer les opinions communes sans lesquelles il n'y a pas de force collective.

La force collective suppose, en effet, une doctrine adoptée par les divers individus et qui fait que ces êtres indépendants concourent à une même destination.

Le progrès intellectuel combiné avec le progrès moral est donc la source de tous les autres. Rendre l'homme à la fois plus intelligent et mieux instruit est la condition nécessaire de toute amélioration individuelle et sociale.

Par conséquent, il faut que les dispositions du public changent de plus en plus et qu'il soit disposé à se préoccuper d'abord du progrès moral, puis du progrès intellectuel et finalement du progrès matériel. Ce qui est l'ordre inverse des préoccupations actuelles, et ce qui n'a pu avoir qu'une valeur révolutionnaire et transitoire tenant à ce que, par une fatalité passagère, le progrès moral a été, depuis cinq siècles surtout, représenté par des doctrines plus ou moins rétrogrades et que, pour cette raison, l'instinct public, sauf chez les femmes, y avait attaché un sentiment sinon de réprobation, au moins d'indifférence.

Aujourd'hui que la science sociale est vraiment fondée, cette nécessité passagère a disparu, et c'est la doctrine la plus progressive qui organise le perfectionnement moral comme base de tous les autres et celui sans lequel tous les autres seraient illusoires.

Mais il nous faut approfondir davantage cette question, pénétrer dans l'idée de progrès elle-même, en faire voir la véritable nature et signaler les dangers de la manière dont elle est actuellement conçue.

DE LA VRAIE NOTION DU PROGRÈS ET DES DANGERS DE SA CONCEPTION ACTUELLE.

L'antiquité et le moyen âge n'avaient que la notion du progrès individuel, le catholicisme surtout, qui avait posé la notion du progrès moral de l'individu comme le but de chaque existence, afin d'atteindre une vie immortelle.

Quant à la notion de progrès collectif ou social, elle n'existait pas ; sans doute le catholicisme avait ouvert la voie en établissant la nécessité primitive de l'ancienne loi et la supériorité de la nouvelle, dont la première n'aurait été ainsi que le préambule indispensable ; c'était là l'idée de progrès nettement conçue. Seulement, le catholicisme arrêtait le mouvement à ce second point et déclarait que l'on avait ainsi atteint une limite que l'on ne pouvait plus dépàsser, de telle sorte que la carrière était fermée presque immédiatement après avoir été ouverte.

Effectivement, malgré le grand service ainsi rendu par cette religion, le caractère absolu de sa doctrine théologique lui rendait impossible de s'élever à la conception relative de progrès.

C'est le dix-huitième siècle qui a fait définitivement surgir et introduit dans le capital intellectuel de l'*Humanité* la conception systématique de progrès.

Nous allons indiquer le développement philosophique de cette grande idée.

Montesquieu, sous l'influence de l'esprit scientifique, avait introduit la notion de loi dans les phénomènes sociaux. Le premier il avait établi que ces phénomènes étaient assujettis à des lois nécessaires ou à des relations constantes qui dérivaient de la nature même des choses.

Mais il n'avait pas eu l'idée d'une succession de divers états sociaux s'enchaînant les uns aux autres, et marchant dans une direction déterminée.

Dans l'ordre mental, ou, plus exactement, quant à la succession des idées purement scientifiques, Pascal avait conçu aussi la notion du progrès incessant de nos connaissances scientifiques, et Fontenelle avait assujetti ce progrès à la notion d'une loi naturelle, puisqu'il concevait la possibilité, en vertu de cette loi, de prévoir les découvertes qui allaient surgir.

Mais cette vue, quoique capitale, restait isolée, et c'est Turgot qui a fait le pas décisif de concevoir la notion générale de progrès dans l'ensemble des phénomènes sociaux. Il est important de remarquer que la conception de Turgot, tout en s'appuyant sur celle de Pascal et de Fontenelle, a pris, néanmoins, pour se généraliser, son point d'appui dans la conception catholique d'une première loi nécessaire, mais plus imparfaite, précédant une seconde loi qui la perfectionne. Ceci est d'autant plus certain, qu'outre l'éducation théologique de Turgot, son premier discours en Sorbonne a eu pour but de faire la théorie des bienfaits rendus à l'Humanité par l'établissement du christianisme, et c'est le second seulement qui est relatif à la conception des progrès de l'esprit humain.

Cette observation est importante comme indiquant la vraie filiation des idées sur ce point capital d'histoire et aussi en montrant comment une conception qui paraît ne pas devoir aboutir est utilisée pour le service commun de l'Humanité par l'intelligence supérieure capable d'en tenir compte.

La conception générale se trouvant ainsi introduite par Turgot, son disciple, le grand Condorcet, en tenta la réalisation dans son *Esquisse d'un tableau des progrès de l'esprit humain*, qui fut comme le testament du dix-huitième siècle; programme incomparable, construit dans la tempête, sous le coup de la peine de mort.

Auguste Comte seul réalisa le problème ainsi posé par ses prédécesseurs et trouva les lois naturelles de l'évolution progressive de l'esprit humain.

Mais cette idée capitale, au lieu d'être acceptée sous la forme rigoureusement scientifique qu'il lui avait donnée, a d'abord pénétré dans le public sous un patronage purement littéraire et très-dangereux, actuellement prépondérant, que je dois maintenant examiner.

A ce point de vue vulgaire, le progrès consiste dans une modificabilité indéfinie de l'état social et par suite dans une instabilité sans cesse croissante.

D'après cela, aucune institution sociale ne reste à l'abri des tentatives subversives, et rien n'apparaît plus comme devant rester fixe et constant dans l'organisation sociale. De là d'immenses dangers.

D'abord, cette instabilité morale et sociale ne laisse prise à l'établissement d'aucun devoir sérieux; car la notion de *devoir* suppose de la fixité dans la destination à atteindre et dans les habitudes de conduite.

Il est certain que si cette disposition continuait, l'état social deviendrait impossible; mais il y a plus. Cette instabilité croissante, combinée avec une activité très-intense, finirait par produire une profonde altération physiologique de l'espèce, surtout caractérisée par une mobilité nerveuse qui rendrait l'organisme accessible aux moindres perturbations. Et l'expérience prouve que malgré les progrès de l'hygiène proprement dite et du bien-être matériel, la disposition épidémique va croissant, et que les grandes épidémies, surtout à forme catharrale, se produisent à des époques de plus en plus rapprochées, comme l'a établi le docteur Audiffrent.

Au point de vue économique, les conséquences d'une telle anarchie ne sont pas moins frappantes : cette instabilité des habitudes rend toute véritable prévision industrielle impossible et met l'existence d'énormes masses populaires à la disposition des moindres caprices, sans compter la déperdition de matériaux, d'intelligence et d'instruction qui résultent de ces changements continuels (1).

Les dangers d'une pareille notion du progrès humain sont donc évidents. Quels sont les moyens d'y remédier?

Ils consistent à substituer à la notion vague, métaphysique et purement littéraire de progrès, la notion réellement scientifique.

C'est cette transformation dont je vais résumer ici les principaux caractères.

En premier lieu, il faut que le progrès apparaisse non plus comme une suite de modifications plus ou moins arbitraires, mais bien comme une évolution assujettie à des lois naturelles.

(1) *De la stabilité de l'équilibre économique*, nos 7 à 10 de *la Politique positive* (Revue occidentale), par M. Pierre Laffitte. Juillet, août et septembre 1872.

De telle sorte que la modification à accomplir en chaque cas, au lieu d'être inspirée par de simples caprices individuels ou collectifs, doit être conçue, à l'abri de tout arbitraire, comme résultant de la nature même des choses et d'une succession naturelle des événements.

Mais il faut faire un pas de plus, car ceci est insuffisant encore. Il faut compléter cette notion de l'assujettissement de l'évolution progressive à une loi naturelle, par le grand théorème sociologique d'Auguste Comte, consistant à reconnaître que *le progrès n'est que le développement de l'ordre.*

En effet, il est certain qu'il y a dans la nature humaine d'un côté, et dans sa situation cosmologique de l'autre, des éléments fondamentaux, essentiels et inaltérables, si ce n'est dans leurs modifications secondaires.

Par conséquent, tous les progrès, ou les modifications successives, ne peuvent jamais altérer ce fonds essentiel, et ils n'ont pour but que de le modifier et de le perfectionner.

L'évolution sociale ne peut donc que développer cet ordre fondamental. C'est la même loi qui se produit dans l'évolution physiologique de chaque individu, où la vie ne fait que caractériser de plus en plus des éléments qui existent dès le début.

Il faut donc, dans tout sujet social quelconque, commencer par déterminer ces caractères essentiels et nécessaires, ainsi que la limite idéale des modifications qu'ils comportent, d'après notre situation et notre nature.

C'est là le problème que la statique sociale résout pour chacune des grandes institutions sociales : Religion, famille, propriété, langage, etc.

Le but de la *Dynamique sociale*, ou étude de l'évolution, consiste à déterminer l'opportunité, d'après la série des antécédents, des diverses mesures qui doivent nous conduire vers cette limite idéale.

Il faut donc que toute la partie active de la population fass les efforts intellectuels nécessaires pour se débarrasser de la conception anarchique et rétrograde du progrès, telle qu'une métaphysique littéraire l'a fait admettre, et pour comprendre sa *vraie conception* scientifique, qui le représente comme assujetti à une loi d'évolution naturelle et subordonné à un ordre nécessaire. Et c'est surtout au prolétariat et essentiellement à son élite, de prendre en mains la propagation et la défense de cette nouvelle notion de *conservation progressive.*

Une doctrine qui éliminait résolument Dieu et le Roi, quand la démocratie en était encore à de vaines manifestations théologiques en faveur de Dieu ou de la divinité de l'Évangile, ne peut être soupçonnée de rétrogradation que par des esprits superficiels ou sans bonne foi. Et le prolétariat finira par comprendre que cette conception anarchique du progrès aboutit à constituer une véritable mystification; car c'est sur lui que retentissent toujours les fâcheuses conséquences de ces modifications sociales légèrement conçues, exécutées sans persévérance et préparant de nouvelles perturbations dont la succession apparaît comme indéfinie.

Il faut que, groupé enfin par la grande doctrine positiviste, il vienne nous aider à organiser sans crainte, comme sans espoir chimérique, la véritable Providence humaine.

Maîtres de nos destinées, nous organiserons la modification ente et graduelle d'un ordre fondamental dont nous accepterons avec résignation les bases nécessaires, démontrées par la science, mais en poursuivant avec sagesse toutes les modifications possibles dont l'opportunité sera établie, à l'abri de tout arbitraire individuel et collectif, un tel changement devant reposer toujours sur une appréciation scientifique préalable.

Ces considérations générales étant posées, nous allons en faire une application, en prenant la théorie positive des cimetières. Cette théorie servira de base à notre appréciation de la mesure qu'on veut imposer à la population parisienne.

II

Théorie positive des Cimetières.

DE LA CONCEPTION POSITIVE DE L'ÉTAT SOCIAL.

Comme le cimetière constitue l'une des institutions fondamentales de toute société quelconque, il est indispensable de donner quelques notions sur la véritable théorie positive de l'ordre social.

Sans doute, si nous étions à l'état normal, où une éducation systématique aurait rendu familières toutes les conceptions de la science sociale, une pareille exposition serait inopportune et il me suffirait d'invoquer simplement des notions universellement connues. Mais il n'en est pas encore ainsi; la science sociale, nouvellement créée, est restée étrangère à la masse du public, même cultivé.

Par conséquent, il y a une immense utilité à faire connaître des principes démontrés, lorsque l'ignorance de ces principes est la cause essentielle de l'anarchie présente.

Voyons d'abord la définition précise de l'existence collective.

Cette définition doit être tirée d'un caractère commun à toutes les sociétés, dans tous les temps et dans tous les lieux.

Or, ce caractère consiste évidemment dans la séparation des fonctions sociales et dans leur concours.

En effet, c'est là le caractère de toute société.

Les divers individus y accomplissent des fonctions distinctes, mais ces fonctions dépendent les unes des autres et concourent vers un but déterminé.

L'indépendance et le concours sont donc les deux caractères essentiels de toute existence sociale. Mais il faut préciser la nature de ce concours ; il se compose, en effet, de solidarité et de continuité.

Le public actuel n'est préoccupé que de la première condition, et c'est là la source de conceptions irrationnelles et dangereuses qui méconnaissent un fait réel. Tout le monde sent assez bien la solidarité inévitable des individus vivant dans une même société, quoique on se fasse habituellement une idée trop étroite de cette solidarité, faute de tenir compte du rapport croissant des diverses nations entre elles.

Mais quant à la continuité, elle est totalement méconnue ; et c'est même là le caractère de l'esprit purement révolutionnaire.

La continuité consiste dans l'influence croissante des diverses générations les unes sur les autres. C'est la solidarité dans le temps, caractère propondérant des sociétés humaines où la continuité l'emportera de plus en plus sur la solidarité, qu'elle sert à diriger et à régler.

Et c'est là la différence caractértstique des sociétés animales d'avec les sociétés humaines ; les premières n'ont pas d'ancêtres.

La continuité est donc un fait social inéludable, et il serait aussi absurde de s'insurger contre elle que de s'insurger contre la loi de la chute des corps.

Il faut vraiment l'ignorance scientifique de nos littérateurs pour arriver à cette insurrection insensée contre la série de nos antécédents ; car même on peut dire, au point de vue le plus strictement physiologique, que nous sommes les fils et les produits de tous ceux qui nous ont précédés.

Les aberrations à ce sujet persistent, surtout à cause des doctrines irrationnelles relatives à l'âme ; mais pour nous, qui concevons un siége précis et déterminé des fonctions intellectuelles et morales, comment méconnaîtrions-nous cette fixation nécessaire dans un siége matériel, le cerveau, des modifications physiologiques apportées par les habitudes propres à chaque génération ?

Au siècle dernier, Galiani, combattant certaines exagérations des économistes, avait déjà signalé l'irrationalité de cette méconnaissance des ancêtres :

« En vérité, tous ces auteurs modernes traitent nos ancêtres bien durement; à les en croire, on dirait qu'ils marchaient à quatre pattes. On répète à chaque ligne : « Ils ne connaissaient « ni les vrais intérêts de la nation, ni la balance du commerce, « ni les principes de la bonne administration. Ils ne respectaient « ni la probité ni la liberté. » Ils les représentent à mes yeux comme une troupe de tyrans aveugles, qui frappaient d'une barre de fer un troupeau d'esclaves stupides. Les plus doux et les plus réservés de ces écrivains se contentent de dire que nos bons ancêtres étaient un peu bêtes. Ces propos m'ont toujours fait de la peine, par mille bonnes raisons, et surtout parce qu'il me paraît, à moi, incontestable que nous descendons de nos ancêtres. »

Aussi le but de la science sociale est-il précisément de trouver les lois naturelles de eette continuité, afin de pouvoir, à chaque époque, réaliser ce qui est possible et opportun.

Auguste Comte a admirablement précisé cette considération dans la formule suivante : « Les vivants sont de plus en plus gouvernés par les morts. »—Telle est, en effet, la loi nécessaire de l'ordre humain.

Mais ce concours dans le temps et dans l'espace exige, pour être organisé, un appareil particulier qui se retrouve dans toute société, et qui constitue la fonction du gouvernement, qui a pour but la réaction de l'ensemble sur les parties.

De là aussi ce théorème de science sociale : « *Il n'y a pas de société sans gouvernement.* »

Mais il faut ici introduire une distinction relative aux deux modes de gouvernement, déjà ébauchée au moyen âge par le catholicisme, mais que le positivisme seul peut systématiser ;

distinction bien autrement importante que celle, fort secondaire, et même fausse, établie entre le pouvoir législatif et le pouvoir exécutif.

Je veux parler de la division entre le pouvoir spirituel et le pouvoir temporel, ou entre le pouvoir théorique et le pouvoir pratique ; ce dernier réglant surtout la solidarité actuelle, et le premier, la continuité des générations, et rappelant sans cesse le passé, qui nous pousse, et l'avenir, but de nos efforts.

Cette distinction capitale est la base de tout ordre comme de tout progrès.

La prépondérance du pouvoir pratique devient dégradante et oppressive, sans l'action d'un pouvoir théorique qui fasse librement accepter, par l'éducation et l'enseignement, les principes corrélatifs de l'obéissance et du commandement.

Il y a plus, le phénomène social est désormais tellement compliqué, que l'empirisme purement pratique est insuffisant pour diriger, sans l'intervention d'une doctrine qui découvre les lois générales des phénomènes sociaux.

Enfin, pour préciser cette conception de l'action directrice inhérente à toute société, il faut concevoir que toute force sociale n'existe complétement que lorsqu'elle se condense en un organe unique, c'est-à-dire un individu qui en reste plus ou moins longtemps l'expression nécessaire. La négation de ce principe est une des aberrations les plus funestes de la métaphysique révolutionnaire, puisqu'elle empêche l'efficacité de l'action gouvernementale, car ce n'est que par l'action d'un organe unique qu'il peut y avoir exécution des actes indispensables à la fonction, responsabilité et, par suite, moralité et liberté.

L'action du pouvoir spirituel doit embrasser l'Humanité toute entière. Ce fut là l'aspiration du catholicisme et de l'islamisme, mais ces deux religions furent incapables d'atteindre à cette universalité.

La science systématisée pourra seule résoudre le problème, que les relations chaque jour croissantes des diverses parties de la planète imposent à la génération actuelle.

Quant au pouvoir temporel, il suppose nécessairement une étendue limitée de population et de territoire ; ces diverses sociétés, séparées politiquement, ayant, du reste, entre elles, des relations sur lesquelles l'influence spirituelle doit demeurer prépondérante.

Auguste Comte a cherché à déterminer approximativement quelle devait être l'étendue des diverses nationalités à l'état normal, lorsque aurait lieu la prépondérance finale du régime industriel et positif, et il a ainsi conçu, par une approximation très-générale, que la planète pourrait être partagée en cinq cents sociocraties ou états, à peu près de l'étendue de la Hollande, de l'Irlande ou de la Toscane, etc. ; chacune d'elles étant formée de divers groupes, ralliée à un pouvoir central, mais chacun de ces groupes partiels étant sous la direction d'une ville prépondérante ou d'une cité.

Quoiqu'il en soit de la réalisation plus ou moins lente d'une telle conception et de l'évolution transitoire qui doit nous y conduire, il est indispensable d'insister dès à présent sur les caractères vraiment normaux de chaque cité.

Et sans entrer dans le détail approfondi de l'organisation, soit normale, soit transitoire, de ces sociétés, je dois néanmoins indiquer actuellement quelques-uns des caractères nécessaires de toute cité quelconque.

Toute société résultant de l'évolution continue d'une suite de générations liées entre elles, suppose un passé, un présent et un avenir, ou, en d'autres termes, la priorité, la postérité et le public, les contemporains étant ainsi nécessairement intercallés entre les deux termes extrêmes, l'avenir et le passé.

Or, dans l'organisation sociale, le gouvernement s'applique surtout aux contemporains, et le pouvoir spirituel, ou l'action philosophique et morale, se préoccupe surtout du passé, pour en déduire l'avenir. Bien entendu que ceci ne doit pas être pris d'une manière absolue et que le pouvoir philosophique réagit sur le présent comme le pouvoir temporel se préoccupe de l'avenir d'après le passé.

Il en résulte donc que toute cité normale doit avoir des

signes matériels de ces trois éléments fondamentaux de la vie sociale.

La Maison commune représente le gouvernement proprement dit, ou la direction des intérêts collectifs de la cité; le Cimetière est l'expression du passé; et le Temple, siége du pouvoir spirituel, représente la systématisation totale de la vie humaine d'après la combinaison scientifique de la théorie du passé avec la conception de l'avenir, pour l'amélioration du présent. L'école, dont on se préoccupe tant aujourd'hui, n'est qu'une faible approximation de la conception normale du Temple, telle qu'elle résulte d'une appréciation positive des sociétés humaines.

On voit donc, d'après cela, que le cimetière est une institution absolument nécessaire dans toute société humaine.

Ce n'est pas seulement un procédé plus ou moins hygiénique pour se débarrasser des cadavres de ceux qui ne sont plus, c'est une institution fondamentale en ce sens qu'elle est le signe, nullement arbitraire, de la notion de la continuité humaine. Et il est d'autant plus important d'insister là-dessus, que c'est la continuité, comme je l'ai déjà fait remarquer, plus que la solidarité, qui est le véritable signe de l'Humanité, opposée à l'animalité. Aussi le docteur Robinet a-t-il pu dire avec précision : « *Il n'y a pas de cité sans cimetière* » (1).

Ceci nous conduit à aborder la théorie positive des cimetières, qui n'a pu être instituée jusqu'ici, puisque l'esprit scientifique n'avait point encore été étendu aux questions sociales.

THÉORIE POSITIVE DES CIMETIÈRES.

Le cimetière est une institution sociale surgie de l'inspiration fétichique, perfectionnée à quelques égards par le théologisme surtout polythéique, et qui, comme toutes les autres institutions sociales, ne pourra recevoir sa constitution définitive que du

(1) *Paris sans Cimetière*, brochure in-8, 1869.

positivisme, seul apte à en donner une théorie réelle, unique base possible d'une organisation systématique.

Il faut donc donner une théorie positive du cimetière, de sa nature et de sa destination pour la vie individuelle comme pour l'existence collective.

Cette théorie s'éclaircira par l'appréciation de l'évolution historique que je vais faire tout à l'heure.

La tombe, a dit Vico, est une institution caractéristique de l'espèce humaine.

Voyons comment elle a surgi du fétichisme, état primitif de l'Humanité.

Le fétichisme consiste, intellectuellement, à ne pas distinguer l'activité, de la vie, et à prêter à tous les objets qui nous entourent des sentiments analogues à ceux qui dirigent la vie humaine.

Dans cette méthode primitive et nécessaire de raisonnement, l'intelligence assimile tous les phénomènes aux faits humains, et explique ce qu'elle aperçoit dans les corps quelconques, comme étant produit par des penchants et des volontés analogues aux nôtres.

Dans cette première philosophie de l'esprit humain l'idée de *mort* n'existe donc pas au sens métaphysique et théologique de ce mot. La mort n'est que le passage de la vie mobile à la vie immobile, et ceux qui attribuent des penchants et des volontés à des roches ou à des arbres, en douent également les restes des personnes qu'ils ont vues effectivement agir, vouloir et aimer. Le développement de la philosophie fétichique a donc dû pousser nécessairement à la conservation de ces restes.

Une immense population, qui constitue la moitié de notre espèce, la population chinoise, chez qui le régime fétichique a duré en se systématisant par l'astrolâtrie, et chez qui la théologie n'est qu'une superficielle importation, nous offre aussi un admirable développement de ce culte des morts et par suite des ancêtres.

On n'y voit la mort, pas plus que le cadavre, être le sujet de cette sorte d'horreur propre aux populations théologiques.

Le fétichisme a donc ainsi institué inébranlablement la tombe, et comme il a duré et durera même toujours, avec des modifications spéciales, il a maintenu cette grande institution au milieu de toutes les révolutions quelconques.

Il faut maintenant que nous systématisions cette institution spontanée, d'après la théorie positive de notre nature, et pour cela, nous devons exposer en quelques mots le rôle que jouent les *signes*, pour le perfectionnement de la nature humaine.

C'est une loi physiologique incontestable que nos sentiments et nos aptitudes se perfectionnent par l'exercice, et c'est le mode le plus énergique et le plus décisif du perfectionnement de nos diverses aptitudes quelconques.

Mais, ce procédé n'est pas toujours à notre disposition, et heureusement il existe une seconde loi non moins incontestable de la nature humaine, à savoir que l'expression des émotions les développe, de même que l'expression des idées concourt à les perfectionner.

Cette loi a été empiriquement appliquée de tout temps, même par les animaux, et, à plus forte raison, les conducteurs de l'espèce humaine l'ont-ils empiriquement pratiquée. Elle est la base de toutes les diverses manifestations cultuelles qui se sont produites dans notre espèce. Du reste, il est évident, à priori, que par cela seul que des phénomènes se produisent constamment dans les sociétés, il faut bien que cela tienne à des conditions physiologiques et nécessaires de notre nature; seulement, à l'état normal, la science dégage la loi abstraite qui a présidé à ces manifestations, de manière à ce que l'on fasse systématiquement ce que jusque-là on avait fait empiriquement et avec tous les inconvénients inévitables de l'empirisme. C'est ce que le posititivisme fait dans ce cas-ci, en dégageant la grande loi physiologique que j'ai énoncée tout à l'heure : l'*expression perfectionne les sentiments et les idées.*

Il n'est pas même nécessaire que le signe soit naturel, il peut être complètement arbitraire, pourvu qu'il soit constant; de telle sorte qu'en vertu de cette relation permanente, il rappelle l'idée ou l'émotion. Cependant, l'expression a bien plus d'intensité lorsque le signe, au lieu d'être purement artificiel, est naturel. C'est ce qui a lieu pour la tombe, signe représentatif direct et frappant de ceux que nous avons perdus. Et par conséquent encore, si le souvenir de nos morts est une condition de toute existence sociale, comme développant le sentiment de la continuité, la tombe reste une institution nécessaire.

Mais il faut faire un pas de plus, et combinant l'état primitif de l'espèce avec son état définitif, il faut incorporer le fétichisme au positivisme de manière à donner au second, déjà si pleinement systématique, l'intensité affective du premier.

Le sentiment fétichique qui nous pousse à animer les objets et par suite à développer envers eux des affections, est une disposition dans laquelle nous retombons sans cesse pour peu que nous soyons sous l'influence d'une passion quelque peu vive. Pourquoi ne pas céder à ce sentiment? — Il y a à cela d'immenses avantages moraux, et, pour des esprits positifs, il n'y a aucune sorte d'inconvénients intellectuels ni pratiques.

Je n'ai pas à exposer ici la coordination qu'Auguste Comte a donnée à cette grande vue, en étendant jusqu'à l'ordre abstrait lui-même l'incorporation du fétichisme au positivisme. Je me contente d'énoncer le principe, qui est évidemment incontestable, car le simple bon sens indique que nous devons conserver tout ce qui peut servir au perfectionnement et au bonheur de notre espèce.

C'est du reste sur ce fétichisme spontané qu'est fondée la conservation des objets qui nous rappellent des personnes aimées ou respectées. De telle sorte que dans le signe matériel, il y a pour nous, et pour toute l'espèce humaine, signe et animation du signe lui-même, ce qui donne à l'expression un charme et une intensité qui en font la source du perfectionnement et du bonheur.

L'esprit scientifique qui débute méconnaît tout cela, mais l'esprit scientifique complet et réel, qui embrasse et comprend tout, rend raison et utilise cette disposition de notre nature. Ce serait une singulière science que celle qui consisterait à ne pas représenter toute la réalité des faits.

Il faut remarquer de plus que cette influence du fétichisme permet encore d'avoir une expression intense des êtres collectifs : c'est ainsi que le *drapeau* représente l'armée ou la nation, et ce serait un singulier signe de dégradation que de mépriser, sous prétexte de science, cette image vivante de la collectivité.

Ainsi donc, le culte de la tombe, comme expression fétichique du culte des morts, doit être conservé et développé, et par suite, tous ces soins donnés à la tombe, tous ces ornements qui la perfectionnent doivent être considérés comme des institutions aussi raisonnables qu'utiles.

Voyons maintenant comment le culte de la tombe, instituant le culte des morts, sert au perfectionnement de notre nature.

Premièrement, il est la base de notre éducation morale, puisqu'il développe en nous surtout la vénération et le sentiment de la continuité, bases de toute société; il développe aussi l'attachement, et cela d'autant mieux que la mort, idéalisant nécessairement par abstraction, l'expression de cet attachement n'en a que plus d'intensité.

C'est ainsi que la partie la plus élevée de notre nature peut recevoir de cette institution une culture très-intense, *car la tombe prolonge l'action moralisatrice de la famille au-delà de l'existence objective des êtres qui en ont fait partie*, et si les émotions ont moins de force, elles ont aussi plus de pureté, la mort supprimant naturellement les imperfections inséparables de toute existence réelle.

Il y a plus, et ceci s'applique à toute pratique cultuelle : elle développe les facultés du caractère, qui est nécessairement mis en jeu par l'obligation à laquelle on s'astreint de faire régulièrement une chose qui n'est pas absolument forcée.

En second lieu, le culte de la mort exerce l'intelligence, car il développe la vie subjective, puisque nous nous représentons, en le pratiquant, des êtres que nous ne pouvons plus voir. Et il est évident que plus la civilisation s'étend, plus la vie subjective devient indispensable, puisque nous sommes de plus en plus obligés de combiner des éléments que nous n'avons pas sous les yeux.

Mais, en outre, le positivisme sanctionne la grande inspiration qui a fait de la tombe non seulement une institution personnelle ou de famille, mais aussi une institution sociale, par la fondation du cimetière, qui lui donne un caractère collectif.

Alors le culte des morts prend un caractère public, ce qui en accroît immensément l'utilité ; car la tombe développe le sentiment de la continuité dans la famille, et le cimetière le sentiment et la notion de la continuité dans la cité et dans l'Humanité.

Quoique le pouvoir spirituel ou religieux doive avoir une influence nécessaire sur l'organisation des cimetières, néanmoins le positivisme sanctionne la grande inspiration de la Révolution française, d'après laquelle l'inhumation, comme le mariage, etc., doivent d'abord avoir un caractère purement civil, afin d'éviter l'oppression d'une religion quelconque ; quoique cependant la religion finale doive intervenir pour le culte, comme pour la réprobation des hommes publics.

Donc, le cimetière doit être, dans chaque cité, conservé et perfectionné, comme une institution fondamentale, indispensable à l'amélioration intellectuelle et morale des membres de a cité.

C'est là un intérêt du premier ordre, qui prime tous les autres, et ce sont les autres qu'il faut subordonner à celui-là.

Le cimetière doit donc être institué dans la cité elle-même, de manière à y permettre le culte des morts, qui est un intérêt civique du premier ordre, et il faut faire les efforts et les dépenses nécessaires pour satisfaire à cette condition indis ensabl e.

HISTORIQUE DU CIMETIÈRE.

La tombe a, comme nous l'avons déjà dit, été instituée par le fétichisme; et ce sentiment fétichique restera éternellement la base de cette grande institution. Le positivisme, en s'incorporant le fétichisme, lie ainsi le régime spontané de notre enfance au régime systématique de notre maturité, assure la continuité et constitue un état pleinement normal.

Mais il nous faut indiquer sommairement quelle a été l'évolution de cette grande institution, c'est-à-dire, au fond, la part du régime théologico-métaphysique, qui ne constitue qu'une vaste transition entre les deux seuls états normaux qui puissent exister : le fétichisme et le positivisme.

Dans le théologisme, c'est surtout le polythéisme qui a apporté des perfectionnements à l'institution de la tombe et au culte des morts dont elle est la base.

Il s'agit d'en bien saisir le double caractère.

Le théologisme a sanctionné l'institution fétichique de la tombe ; mais si l'on ne considérait que sa doctrine à cet égard, on constaterait tout de suite son infériorité par rapport à la spontanéité fétichique. Car la théorie théologique consiste à mettre la tombe et le cadavre sous la protection des Dieux infernaux et à obtenir leur respect par la crainte de la colère divine.

On voit ici l'origine de la grande systématisation catholique, qui consiste à combattre l'égoïsme humain au nom d'un égoïsme surnaturel; doctrine sans doute passagèrement utile, mais profondément dangereuse, car elle systématise l'égoïsme pour le combattre et finit par devenir dégradante le jour où elle ne se trouve pas en rapport avec une situation sociale déterminée.

Les vers fameux du Tartuffe sont une peinture caractéristique de ce danger, car dans cette composition éminente, que de Maistre plaçait dans les chefs-d'œuvre de l'esprit humain, le type d'Orgon est aussi remarquable que celui de Tartuffe ; il peint, dans l'homme sincère, cette profondeur d'égoïsme théologique si admirablement exprimée par ces vers célèbres :

Qui suit bien ses leçons goûte une paix profonde,
Et comme du fumier regarde tout le monde.
Oui, je deviens tout autre avec son entretien,
Il m'enseigne à n'avoir d'affection pour rien.
De toutes amitiés il détache mon âme,
Et je verrais mourir frère, enfant, mère et femme
Que je m'en soucierais autant que de cela !

Cela tient à la nature même de tout théologisme, qui ne peut combattre ou régler les penchants humains que par la crainte des Dieux, c'est-à-dire par un intérêt à délai plus ou moins long.

De même, dans un des chefs-d'œuvre de Sophocle, l'*Antigone*, e grand tragique grec met précisément en lutte la crainte des Dieux et celle des hommes, à propos de la question de la tombe.

Antigone a enseveli son frère malgré les ordres, du reste fort raisonnables, de Créon, et voici ce qu'elle dit à sa sœur, qu'elle veut entraîner à participer à son projet :

« Je ne veux point te contraindre, je serais même fâchée que tu consentisses à partager mes soins, ne changes rien à tes projets. Je me charge de sa sépulture, il me sera beau ensuite de mourir, je reposerai près de celui qui m'était cher et j'aurai satisfait à mon devoir.

« J'ai à plaire aux Dieux des enfers plus longtemps qu'aux hommes d'ici-bas, puisque mon séjour avec eux doit être éternel ».

Et quand Créon lui reproche d'avoir osé enfreindre les lois, elle répond :

« Ces lois n'étaient point dictées par Jupiter ni par la justice protectrice des mânes ; et je ne pensais pas que les décrets d'un mortel eussent assez de force pour ébranler les lois saintes et immuables des Dieux. Celles-ci ne sont point nées d'hier ; toujours immortelles, on ne sait point leur origine. Devais-je, cédant aux menaces d'un homme, encourir la vengeance des Dieux ? »

On voit là le cachet, au fond révolutionnaire, de tout théologisme.

Ainsi donc, au point de vue doctrinal, le théologisme a consacré l'institution de la tombe, mais avec les inconvénients inhérents à sa systématisation égoïste.

Cependant, il faut le reconnaître, le polythéisme surtout a apporté un immense perfectionnement au culte des morts par l'institution de la vie subjective.

Le fétichisme donne, sans doute, beaucoup d'intensité à nos sentiments, mais il les rapporte à un objet déterminé ; or, dans le culte des morts, il faut nécessairement nous représenter un ensemble de phénomènes qui n'existent plus depuis longtemps.

De là, la nécessité de la vie subjective ; et justement, le théologisme nous fait vivre avec des êtres purement fictifs, que l'on croit sans doute réels, mais qui, en définitive, ne le sont pas.

Cette aptitude est une des conditions nécessaires du culte des morts, et aussi une condition du perfectionnement humain, car toute existence sociale suppose toujours que l'on se représente des phénomènes dont on n'a, ni ne peut avoir, une représentation objective.

C'est grâce à la culture de la vie subjective que l'on peut arriver à se représenter les contemporains, les prédécesseurs et les successeurs.

Le théologisme est donc ainsi, par l'institution de la vie subjective, un des agents essentiels de l'éducation du genre humain, en quoi il a spécialement perfectionné le culte des morts.

Quant au catholicisme, forme la plus systématique du monothéisme, il n'a fait que continuer le polythéisme, et même, il faut le remarquer, sa préoccupation du salut éternel étant bien autrement intense que celle du polythéisme, il a plutôt poussé à l'abandon du culte des morts. Et, il faut bien le dire, comme doctrine, il y pousserait absolument.

Il est, en effet, important de remarquer que ce qu'on attribue à la doctrine catholique tient le plus souvent à la sagesse sacerdotale qui corrige, par une connaissance empirique de la nature humaine, les inconvénients souvent si graves de cette doctrine.

Ainsi, l'archevêque de Paris, par une initiative qui l'honore profondément, a pris en main la défense des cimetières ; mais c'est le membre du pouvoir sacerdotal qui a parlé et non pas le catholique.

Dans sa lettre, vraiment remarquable, on peut constater, en effet, qu'il n'invoque que des raisons purement humaines, ou *positives*, et aucune raison théologiqne quelconque. Ce qui est un hommage profond à la prépondérance incontestée de l'esprit positif. Il est désormais impossible, même à un évêque, quand il veut efficacement et dignement défendre un principe moral, d'invoquer des raisons théologiques.

A cet égard, l'intervention du clergé catholique de Paris, sous la conduite de son évêque, est une intervention d'autant plus respectable, qu'il lui a fallu surmonter ses préjugés théologiques pour défendre les principes de la morale.

C'est ainsi, nous le rappelons encore, que de Maistre, dans son livre *du Pape*, avait été obligé de défendre l'institution de la papauté par des raisons purement humaines; l'esprit moderne étant devenu réfractaire, en Occident, à tout autre mode de démonstration.

Quoi qu'il en soit, nous venons de montrer que l'institution de la tombe et du culte des morts, fondée par la série de nos prédécesseurs, n'a pu recevoir sa systématisation que du positivisme, ou de l'esprit scientifique étendu aux questions sociales et morales.

III

Des Cimetières de Paris.

DE LA TRANSFORMATION DE PARIS.

A Paris, où a surgi naturellement la question des cimetières, celle-ci n'est qu'un cas particulier d'une question économique plus générale : la transformation de la capitale.

Ce fut certainement une des convictions les plus sincères, en même temps que les plus nuisibles, que celle qui poussa notre dernier dictateur à opérer, non-seulement systématiquement, mais surtout rapidement, la transformation de Paris. Et, il faut bien le dire, il fut malheureusement en cela l'organe de l'opinion publique. Il eut à ce sujet, l'admiration, comme l'approbation de la France entière, et l'opposition qu'on lui fit, le plus souvent sans bonne foi, ne portait que sur des détails plus ou moins inévitables dans une opération qui mettait en jeu tant d'hommes et tant de capitaux.

Cette opération était en effet conforme au principe actuellement prépondérant de l'*économisme*, et jamais aucune des raisons sociales qn'on devait invoquer contre cette sorte de furie progressive, ne fut mise en avant.

Napoléon III fut à cet égard, incontestablement, l'expression de son temps et de son public; et s'il l'avait consulté par voie de suffrage, il eût obtenu de lui la plus éclatante approbation.

L'opposition qu'on lui faisait tenait le plus souvent à ces bas procédés parlementaires qui consistent à blâmer les mesures prises, par haine pour l'homme, sauf à les réaliser plus tard soi-même.

L'esprit révolutionnaire et d'opposition dégrade décidément; car, outre les mauvais sentiments qu'il surexcite, il nous donne toujours, arrivant au pouvoir, ce triste spectacle des palinodies et de cette incapacité honteuse à concevoir et à réaliser d'autres mesures que celles qu'on avait critiquées soi-même.

Il faut donc, sur cette question, se débarrassant de tout préjugé quelconque, indiquer, hors de tout esprit d'opposition systématique, les dangers de la conception et de l'opération auxquelles se liera toujours le nom de M. Haussmann.

L'opération, en effet, était dangereuse en ce qu'elle développait des dispositions déjà beaucoup trop prépondérantes, qu'il s'agit de calmer et de diriger au lieu de les exciter arbitrairement.

1° Elle surexcitait, au centre même de la civilisation française, et par suite avec un plus redoutable danger, l'*industrialisme*, qui constitue une de nos plus graves difficultés, parce qu'il empêche l'avénement du règlement moral de l'industrie.

L'industrialisme, c'est-à-dire cette activité économique effrénée qui ne se préoccupe ni de l'utilité du but, ni le plus souvent de la moralité des moyens, et, par suite, dégrade dans son germe la conception même de la vie industrielle, en lui conservant tous les caractères du servilisme antique, avec cette aggravation de plus, de donner la prépondérance à ceux que l'antiquité, au moins, tenait dans une juste subordination.

Il augmente donc cette classe si dangereuse des *parvenus*, qui, arrivée si rapidement à la fortune, même quelquefois par des moyens honnêtes, mais sous des impulsions toujours les plus bassement personnelles, possède la puissance sans l'élévation.

2° L'opération de M. Haussmann développait encore un des

dangers les plus graves de notre situation et de l'esprit révolutionnaire, *l'instabilité et la rupture de la continuité.*

Il est très-certain que ce spectacle d'une grande ville bouleversée en si peu d'années dans toutes ses relations, et poussée rapidement à en prendre de tout à fait nouvelles, a dû augmenter à un degré extrême nos habitudes et nos notions d'*instabilité*.

Ces notions et ces habitudes sont devenues, à ce sujet, tellement intenses, qu'elles constituent la source la plus habituelle de la *folie*, et que, si elles continuaient à se développer, elles compromettraient l'existence même de l'espèce.

3° Un autre inconvénient, qui est une conséquence naturelle du précédent, c'est la transformation du caractère moral de Paris.

Cette surexcitation industrielle, cet afflux désordonné des couches inférieures, riches, mais souvent sans moralité et toujours sans culture préalable, a transformé l'éminente bourgeoisie parisienne, en l'inondant d'une masse d'*affranchis* tels que les affranchis antiques, qui n'y ont le plus souvent apporté que l'égoïsme intime de leurs habitudes avec le faste de leur luxe et de leurs dépenses insensés.

Aussi, est-ce par la plus dangereuse aberration, qu'on ose comparer cette honteuse mascarade économique avec la profonde transformation populaire que poursuit le positivisme et qui consiste à donner au prolétaire, avec le nécessaire, une culture intellectuelle et surtout morale qui fasse enfin de lui un citoyen véritable.

4° La transformation de Paris a, par la manière même dont elle a été opérée, entraîné une autre conséquence très-grave et directement contraire à tout ordre véritablement normal, celle de séparer matériellement le prolétariat des autres classes, les pauvres des riches.

Au lieu de l'habitude si ancienne et absolument normale qui réunissait, même dans les habitations urbaines, les pauvres et riches, on a construit des maisons et même des quartiers uniquement destinés à ceux-ci ; de manière à supprimer, on peut le dire, ces vieilles relations si essentielles entre les pauvres et les riches, et cela d'une façon aussi nuisible aux uns qu'aux autres.

Il en est résulté une immense ville, constituée, au centre surtout, par les riches, et circonscrite essentiellement par les pauvres ; disposition aussi dangereuse politiquement et socialement, qu'elle est véritablement immorale.

Par suite, on est arrivé à donner à la *grande cité* le caractère d'un vaste caravansérail pour tous les désœuvrés de la planète.

5° Les efforts que l'on a fait pour opérer la transformation de Paris ont eu un autre inconvénient fort grave encore, celui de trop étendre les dimensions de la capitale.

Il est évident qu'une ville ne peut constituer une véritable cité qu'autant que ses dimensions ne sont pas démesurées ; car, pour qu'il y ait *cité*, il faut qu'il puisse y avoir entre les divers membres une communication suffisamment facile et un sentiment d'intime solidarité.

Il est clair qu'à cet égard Paris tend trop à prendre le caractère d'une vaste agglomération au lieu de celui d'une cité proprement dite. Et l'un des graves inconvénients de cette extension est précisément d'avoir fait surgir et donné prétexte à la question des cimetières.

6° Enfin, il est certain que cette destruction de tant d'édifices, de rues et de quartiers, opérée en si peu de temps, a nécessairement cultivé dans la population l'instinct destructeur (on en a vu de terribles effets !) ; car tous les philosophes savent que cet instinct fondamental et si redoutable, se développe, quel que soit l'objet ou la forme de la destruction, depuis le massacre des hommes jusqu'à la calomnie et la médisance.

Et de plus, la transformation de Paris a encore altéré profondément le culte des souvenirs, qui se lie d'une manière inévitable à la persistance des monuments et des habitudes.

Le sentiment de la continuité a donc encore été atteint par ces bouleversements, et, par suite, le niveau humain a baissé, puisque ce sentiment est caractéristique de notre espèce. Voilà comment la question des cimetières de Paris se lie si intimement à celle de sa transformation.

LES CIMETIÈRES DE PARIS.

Ce que nous avons dit sur la théorie générale des cimetières s'applique naturellement aux cimetières de Paris, sans qu'il soit, bien entendu, aucunement nécessaire de le rappeler ici même sommairement; mais nous devons,sur ce cas particulier, présenter des considérations indispensables.

D'abord, il faut remarquer que les progrès frappants qui se sont accomplis en France, surtout depuis deux générations, dans le culte des morts, sont dus à l'admirable influence de Paris.

Car, comme nous l'avons constaté, le théologisme, surtout monothéique, ne pousse nullement par lui-même au culte des morts ni aux soins spéciaux des cimetières; au fond, qu'importent les soins à donner aux tombes de ceux dont la destinée est réglée pour l'éternité?

Aussi est-il d'observation constante, qu'il y a deux générations, les cimetières étaient très-peu soignés en France, et que dans le Midi, si catholique, à ce qu'on prétend, l'abandon était presque absolu.

Un grand et profond changement s'est accompli (et il prend tous les jours plus d'extension) dans le soin des cimetières et le culte des morts. Eh bien , c'est à Paris , il y a à peu près deux générations, que ce mouvement à commencé.

C'est Paris qui a, comme à l'ordinaire, pris l'initiative et donné l'exemple ; il est de plus en plus suivi par la France entière.

Ce développement croissant et admirable du culte des morts dans la grande cité religieuse de l'Occident a fini par frapper les observateurs; mais ce qui les a frappés encore plus, c'est cette contradiction apparente entre l'émancipation théologique croissante de Paris et le culte croissant des morts.

A mesure que Dieu est de plus en plus éliminé et même oublié, le culte des morts s'étend sans cesse et pénètre les plus modestes existences.

La contradiction n'est qu'apparente, et une saine doctrine scientifique l'explique, en la rapprochant d'un autre phénomène social non moins certain et non moins méconnu quoique dominant effectivement les intelligences.

Ce phénomène, c'est le retour croissant, depuis le dix-huitième siècle, vers le fétichisme.

Pour tous ceux qui ont suivi, d'une manière philosophique, e mouvement de l'esprit humain depuis le milieu du siècle dernier, il est certain que notre littérature et même notre langue subissent une *fétichisation* croissante. J'ai déjà fait observer cette *fétichisation* puissante du style de Diderot, qui lui a été vivement reprochée par a petite littérature de son temps, ce qui n'a pas empêché Chateaubriand et l'ensemble de la littérature française de suivre et de continuer ce mouvement.

Rousseau, de son côté, et c'est son seul titre de gloire, avait formulé un retour vers l'amour et l'adoration de la nature. Ce mouvement s'est infiniment agrandi et a pénétré jusque dans les arts de la forme, comme le constate l'essor de notre admirable école de paysagistes. Il a été commun, du reste, à tout l'Occident, sous des formes diverses; et enfin, la philosophie elle-même, sous le nom de *panthéisme*, y a participé.

Cette *fétichisation* tient tellement aux racines affectives de notre nature que la poésie est de tout temps restée plus fétichique que la prose, et il est curieux de remarquer que la langue anglaise, si simple et si pratique, a, en poésie, conservé la distinction des mots masculins et féminins pour les objets inanimés, distinction qu'elle a éliminée de la prose.

Il y a donc là un mouvement profond, immense et décisif, et se produisant dans toutes les directions de l'esprit humain, d'autant plus puissant qu'il est spontané, et que jusqu'à nous il n'avait été signalé, ni encore moins expliqué.

Comment interpréter ce grand phénomène?

Pour bien le comprendre, il faut le mettre en rapport avec la décroissance continue du théologisme : les dieux s'en vont et les fétiches se développent de plus en plus. La théorie de la nature humaine peut parfaitement expliquer cela.

D'abord, le fétichisme tient au fond même de notre constitution; il est la théorie spontanée qui surgit immédiatement et constamment; par conséquent, quand les nécessités pratiques ne sont pas en jeu, ni les nécessités théoriques de l'ordre abstrait, il est naturel qu'on le conserve dans l'ordre esthétique et sentimental, avec lesquels il se trouve dans une intime corrélation.

Mais cette persistance naturelle du fétichisme à travers tous les temps et tous les siècles était néanmoins en contradiction avec le théologisme et surtout le monothéisme qui, finalement, condense toute volonté et toute activité en un être unique.

Par conséquent, la prépondérance théologico-métaphysique a dû, chez les esprits cultivés, comprimer cette vie spontanée du fétichiste; mais à mesure que le théologisme a perdu de son empire, cette impulsion fétichique a repris une influence croissante qu'elle avait conservée dans les natures illettrées. Et, grâce à l'impulsion des grandes intelligences, l'esprit populaire et l'esprit philosophique se sont retrouvés sur un terrain commun.

Ce mouvement naturel, le positivisme l'a systématisé; grâce à sa puissante émancipation, il a pu hautement consacrer cette *fétichisation* si propice au développement du cœur et de l'art, sans aucun inconvénient pour la vie pratique ni pour la haute élaboration abstraite.

Le ravivement du culte de la tombe se lie donc profondément à un mouvement plus général dont il est, dans des conditions spéciales, un cas particulier.

Paris donc, à ce sujet, a eu, comme toujours, le mérite d'une initiative systématique dans le mouvement naturel de l'intelligence humaine, et c'est faute d'une analyse approfondie qu'on a cru trouver en contradiction sa radicale émancipation théologique, avec le fétichisme qu'il développe dans le culte de ses morts.

Il y a plus, Paris a apporté dans ce culte un perfectionnement caractéristique, qu'Auguste Comte a sanctionné.

En effet, on y célèbre encore, par habitude, la fête des

Morts au mois de novembre, à l'époque fixée par le théologisme, mais néanmoins il s'y est établi la coutume croissante de faire une célébration spéciale le dernier jour de l'année. C'est justement à cette époque qu'Auguste Comte place systématiquement la fête des Morts.

Car il est certain que le premier jour de l'année, fête indépendante, chez tous les peuples, de la théologie, et qui a été la fête spontanée de l'Humanité avant d'en devenir la fête systématique, doit être naturellement précédée de la fête des Morts qui en constituent l'élément prépondérant.

Paris, en prenant l'initiative du développement du culte des morts, a donc mission pour lui-même et pour la France entière. La question de ses cimetières est non-seulement parisienne, mais française et même occidentale.

Que ceux donc qui veulent porter atteinte à cette grande institution, en éloignant les cimetières de la capitale, y réfléchissent ; il s'agit non seulement de Paris lui-même, ce qui constitue encore un cas d'une immense importance, mais aussi du culte des morts dans la France tout entière, à qui Paris a donné et donnera de plus en plus l'impulsion.

Tous les perfectionnements que comporte cette institution capitale ne peuvent bien être accomplis que dans la grande cité ; et même, quand ils surgissent ailleurs, ils peuvent, venant de Paris seul, recevoir cette sanction qui les consacre et les généralise.

CONSEILS AUX RÉPUBLICAINS

Cette question des cimetières parisiens nous offre un exemple frappant de l'inconsistance des doctrines révolutionnaires et de leur incapacité radicale à diriger désormais les sociétés humaines.

Nous avons vu le parti *démocratique* et ce qu'on appelle le parti *libéral* attaquer unanimement M. Haussmann dans sa conception des cimetières de Paris, qui, il faut le reconnaître, était en harmonie parfaite avec l'ensemble de son système. Et nous voyons maintenant le parti *démocratique* et le parti *libéral*, par une palinodie sans ménagement, reprendre, moins le talent et l'énergie, tout le système de M. Haussmann.

Or, ce n'est pas seulement dans ce cas qu'un pareil spectacle nous est donné, c'est, on peut le dire, dans presque toutes les questions politiques et sociales.

Un tel fait démoralise à la longue les chefs et les soldats, et comme on ne peut, dans l'ensemble des cas, l'attribuer à un profond machiavélisme, incompatible avec l'infériorité mentale de l'espèce humaine, même pour le mal, il faut donc que tout vienne de causes plus profondes, qu'il est bon de signaler.

Cela tient, en effet, à l'insuffisance des doctrines révolutionnaires; construites pour une destruction nécessaire, elles sont incapables de diriger aucune construction et aucun gouvernement quelconque.

Le sentiment de leur profonde efficacité pendant la période où il fallait détruire leur a permis de servir d'organe à de très-nobles sentiments sociaux; mais à présent que la reconstruction est à l'ordre du jour, et que ce qu'il faut détruire ne doit l'être qu'à mesure que l'on construit, il en résulte que cette compensation primitive à l'irrationalité de tels dogmes n'existe plus, et qu'ils finissent par devenir souvent l'expression de mauvais sentiments et la cause de mesures absurdes.

Et d'abord, il faut que le parti progressiste abandonne la triste dénomination de *démocrate*, pour adopter exclusivement la noble dénomination de *républicain*.

Le mot *républicain* est aussi bien construit négativement que positivement. Au point de vue négatif, il exprime l'élimination, en politique, du pouvoir héréditaire royal et théocratique; au point de vue positif, il indique la consécration de toutes les forces humaines au service de la société.

Quant au mot *démocratique*, outre le sens vague qui lui est inhérent, et qui permettrait son adoption par les rétrogradateurs les plus oppressifs, il exprime une notion fausse, à savoir que la société est faite exclusivement par le peuple et pour le peuple.

Cela est absolument faux. L'évolution sociale est faite pour les successeurs, sous le poids des prédécesseurs, quoi qu'en dise l'irrationnel égoïsme démocratique.

Dans cette évolution, du reste, c'est le petit nombre qui a surtout servi ! Car si on supprimait dans l'Humanité quelques milliers d'hommes, il est certain que la société humaine n'eût pas dépassé de beaucoup les sociétés de grands singes. Sans doute, l'évolution doit améliorer de plus en plus le sort du grand nombre et élever sa situation matérielle, intellectuelle et morale; mais on peut le dire, ce sera toujours une minorité qui en prendra l'initiative. Cette minorité sera sans doute de plus en plus grande, mais elle trouvera toujours, au début de son action, l'opposition de la majorité.

Il faut donc se débarrasser du prétendu principe de la souveraineté populaire, au nom duquel le mouvement progressiste des villes se trouve enrayé, en France, par l'égoïste résistance des campagnes, à qui on a donné beaucoup trop tôt la plénitude de la puissance politique.

Pour en fournir un exemple frappant, il est clair que l'établissement sincère et sérieux du suffrage universel en Russie serait la cause, à la fois, d'une odieuse rétrogradation et d'une immense anarchie.

De même, si César ou Antonin, eût, suivant un projet conçu de nos jours par des démocrates irrationnels, immédiatement aboli l'esclavage et appelé les esclaves à la vie publique, ils eussent porté à la civilisation un coup peut-être irrémédiable.

Il faut donc que les démocrates, devenus des républicains, constituent enfin un parti de gouvernement.

Il faut renoncer à toute la méthapysique révolutionnaire et adopter le grand principe de l'assujettissement des phénomènes moraux et sociaux à des *lois naturelles*.

Dès lors, l'art politique se rationalise, il se débarrasse de l'arbitraire de quelques-uns et de l'arbitraire encore plus dangereux du grand nombre.

Les opérations politiques apparaissent comme devant reposer sur une appréciation scientifique des choses, en diminuant de plus en plus la part de l'arbitraire.

Les doctrines révolutionnaires, elles ne l'ont que trop prouvé, sont absolument incapables de gouverner; la sécurité, comme l'ordre et le progrès, dans la République, dépendent donc de l'abandon de ces doctrines et de l'adoption d'une foi véritablement démontrée.

FIN

PÉTITION

A Messieurs les Membres du Conseil municipal [1].

Paris, le 20 *avril* 1874.

Messieurs,

Vous aurez à décider, le 25 avril prochain, sur la plus importante et la plus grave affaire que vous ayez eu à traiter depuis le commencement de votre gestion : l'ouverture d'un cimetière unique à Méry-sur-Oise, *pour la ville de Paris*, à qui l'on vous propose d'enlever son droit de sépulture.

Les soussignés,

Connaissant l'attachement et le respect traditionnels qu'a pour ses morts la population parisienne ;

Considérant que ce culte, apanage exclusif et caractéristique de notre espèce, en liant, dans les familles comme pour les nations, les fils aux pères, les descendants aux ancêtres, le présent et l'avenir au passé, est une condition essentielle de la continuité entre les générations humaines et l'un des éléments principaux de la constitution même de la société ; et qu'en outre, en développant en nous les affections les plus élevées et

(1) Cette pétition, signée rue Monsieur-le-Prince, 10, chez M. Pierre Laffitte, a été remise au Conseil municipal en temps opportun.

les plus désintéressées, ainsi que la méditation intérieure, il a été et demeure l'un des moyens les plus répandus et les plus puissants de civilisation ;

Considérant, d'autre part, que le culte des morts, ainsi que l'établissement de la tombe et des lieux de sépulture, qui seul le caractérise suffisamment, font partie intégrante des institutions-mères propres à toute population civilisée ; qu'il faut admettre, par conséquent, comme un principe politique incontestable et démontré, que le *Cimetière*, autant que la Maison commune, l'École et le Temple, est un des éléments constitutifs de l'aggrégation des familles en municipalités, *et qu'il ne saurait y avoir de cité là où il n'y a pas de cimetière* ;

Considérant, dès lors, que retirer à Paris, déjà si éprouvé, son lieu de sépulture, pour transporter ses morts loin de son territoire, et hors même du département, serait consommer sa déchéance et lui dénier l'existence civique, pour le constituer à l'état de caravansérail ;

Considérant, enfin, que cette atteinte funeste et fondamentale portée au culte des morts, dans l'ex-capitale, par l'administration même qui est le plus directement chargée de sauvegarder et de défendre tous ses intérêts, enlèverait à la fois à la plus grande partie de sa population, et la source de ses consolations les plus légitimes et les plus sacrées, et son principal moyen de culture morale, pour la livrer sans aucun contrepoids aux ravages d'un industrialisme dévorant :

Par ces motifs et pour tant d'autres encore,

Vous adjurent,

Avant que vous preniez une aussi redoutable détermination, de consulter encore vos concitoyens, vos femmes, vos enfants et vos mères, de descendre en vous-mêmes, au for intérieur, et d'y mettre en balance, avec les difficultés incontestables, mais non insurmontables, que présente la question de l'inhumation parisienne, les intérêts sociaux et moraux de la grande ville, ici prépondérants, les lois de l'ordre politique, que l'on ne viole jamais impunément, les conditions d'existence de la famille et de la cité, bases essentielles de tout véritable progrès dans la civilisation, l'angoisse et le vœu, la reconnaissance ou la réprobation de tous ceux qui ont conservé les affections délicates, les vues droites et les préjugés tutélaires qui nous ont élevés de l'animalité à l'humanité et nous ont fait citoyens ;

Enfin, d'appliquer toutes vos forces matérielles et intellectuelles, toute votre science et tout votre civisme, tous les moyens en votre pouvoir, à trouver une solution qui satisfasse avant tout l'intérêt social et moral de Paris, et lui conserve sous ses murs un champ d'inhumation.

Paris. — Typ. de Rouge, Dunon et Fresné, rue du Four-Saint-Germain, 43.

www.ingramcontent.com/pod-product-compliance
Lightning Source LLC
LaVergne TN
LVHW010103230826
846091LV00005B/2078

* 9 7 8 2 0 1 3 4 6 0 3 2 3 *